001　002　003

004　005　006

007　008　009

010　011　012

PLATE 1

013

014

015

016

017

018

019

PLATE 2

020

021

022

023

024

025

026

027

028

029

030

031

032

033

034

035

PLATE 3

036

037

038

039

040

041

042

043

044

045

046

047

048

049

050

051

052

053

PLATE 4

054   055   056

057

PLATE 5

058

059

060

061

062

063

064

065

066

067

068

069

070

071

072

073

PLATE 6

074

075

076

077

PLATE 7

080

083

079

082

078

081

PLATE 8

PLATE 9

092

093

094

095

096

097

098

099

100

101

102

103

PLATE 10

104

105

106

107

108

PLATE 11

109   110   111

112   113   114

Plate 12

vō · lüttishofen ·

115

116

117

k̇ · peter · vō · engelsperg · kōmedur · diß · huß · ꝑ · ⅴ · ie

118

PLATE 13

119

120

PLATE 14

121

122

123   124   125   126   127   128   129

130   131   132   133   134   135   136

137   138   139   140   141   142   143

PLATE 15

144

PLATE 16

145

146   147   148   149   150

151   152   153   154   155

156   157   158   159   160

161   162   163   164   165

PLATE 17

PLATE 18

182

183

184

185

186

187

188

189

190

191

192

193

194

195

196

197

198

199

200

PLATE 19

201

202

203

204

205

206

207

208

209

PLATE 20

210

211

212

213

214

215

216   217   218   219   220

PLATE 21

221 222 223 224 225

226 227 228 229 230

231 232 233 234 235

236 237 238 239 240

PLATE 22

241

242

243

244

245

246

PLATE 23

250

254

249

253

248

252

247

251

PLATE 24